BEI GRIN MACHT SICH IHR WISSEN BEZAHLT

AF141171

- Wir veröffentlichen Ihre Hausarbeit, Bachelor- und Masterarbeit

- Ihr eigenes eBook und Buch - weltweit in allen wichtigen Shops

- Verdienen Sie an jedem Verkauf

Jetzt bei www.GRIN.com hochladen und kostenlos publizieren

Faktorenanalyse, Lineares Regressionsmodell und Mehrfaktorielle Varianzanalye

Multivariate Analyseverfahren anhand praktischer Beispiele

GRIN ☺

Bibliografische Information der Deutschen Nationalbibliothek:

Die Deutsche Nationalbibliothek verzeichnet diese Publikation in der Deutschen Nationalbibliografie; detaillierte bibliografische Daten sind im Internet über http://dnb.d-nb.de abrufbar.

ISBN: 9783346513175
Dieses Buch ist auch als E-Book erhältlich.

Druck und Bindung: Books on Demand GmbH, Norderstedt Germany
Gedruckt auf säurefreiem Papier aus verantwortungsvollen Quellen

Das vorliegende Werk wurde sorgfältig erarbeitet. Dennoch übernehmen Autoren und Verlag für die Richtigkeit von Angaben, Hinweisen, Links und Ratschlägen sowie eventuelle Druckfehler keine Haftung.

Das Buch bei GRIN: https://www.grin.com/document/1134656

EINSENDEAUFGABE

Modul Multivariate Analyseverfahren

Sonderprüfung

Studiengang: M.Sc. Psychologie

Modul: Multivariate Analyseverfahren

Abgabe am: 20.09.2020

Inhaltsverzeichnis

Die Anlagen wurden aus urheberrechtlichen Gründen von der Redaktion entfernt.

1 Faktorenanalyse

Mitarbeiterbefragungen gehören zu den am meisten verwendeten Instrumenten der Organisationsführung und Organisationsentwicklung (Borg, 2003). Während die ersten Mitarbeiterbefragungen eher Meinungs- und Einstellungsumfragen mit den Schwerpunkten Arbeitszufriedenheit und Betriebsklima waren, sind sie heute Bestandteil des Organisationsprozesses, der Qualitätssicherung und des generellen Managementsystems. Insbesondere das Kriterium der Arbeitszufriedenheit findet sowohl in der Arbeits- und Organisationspsychologie als auch in der betrieblichen Praxis weite Verbreitung. Die Arbeitszufriedenheit wird als Einstellung der Mitarbeitenden gegenüber ihrer Arbeit insgesamt oder gegenüber einzelnen Facetten der Arbeit erfasst (Felfe & Six, 2006). Das fiktive im Pflegereich tätige Unternehmen XY GmbH führt einmal jährlich eine Mitarbeiterbefragung zum Thema Arbeitszufriedenheit durch. Der Fragebogen ist in insgesamt vier Bereiche unterteilt: Aufgabenmerkmale, Wissensmerkmale, Soziale Merkmale sowie Kontextuelle Merkmale und richtet sich stark an dem Work Design Questionnaire (WQD, Morgeson & Humphrey, 2006) in der deutschen Fassung von Stegmann, van Dick, Ullrich, Charalambous und Menzel (2010) mit insgesamt 21 Subskalen und 77 Items (Stegmann et al., 2010). Das Jahr 2020 verzeichnet eine Teilnahme von insgesamt 500 Mitarbeitern. Mit Hilfe einer exploratorischen Faktorenanalyse soll nun überprüft werden, welche der mit einer 5-stufigen Skala zu beantwortenden Fragen zu Skalen zusammengefasst werden können. Hierfür wird ein Auszug des Fragebogens mit insgesamt zehn Beispielitems aus dem Bereich Aufgabenmerkmale dargeboten.

Mitarbeiterbefragung der XY GmbH zum Thema Arbeitszufriedenheit						
1 = stimme überhaupt nicht zu, 2 = stimme eher nicht zu, 3 = teils/teils, 4 = stimme eher zu, 5 = stimme voll zu						
Item 1	In meiner Tätigkeit mache ich sehr viele verschiedene Dinge.	1	2	3	4	5
Item 2	Meine Arbeit wirkt sich bedeutsam auf das Leben anderer Menschen aus.	1	2	3	4	5
Item 3	Die Ergebnisse meiner Arbeit sind vollständige, abgeschlossene Produkte/Dienstleistungen.	1	2	3	4	5
Item 4	Ich bin frei in der zeitlichen Einteilung meiner Arbeit.	1	2	3	4	5
Item 5	Bei der Arbeit muss ich eine Vielfalt von Aufgaben bearbeiten.	1	2	3	4	5
Item 6	Bei meiner Arbeit habe ich die Möglichkeit, Produkte/Dienstleistungen, die ich beginne, fertig zu stellen.	1	2	3	4	5
Item 7	Meine Arbeit wirkt sich stark auf Menschen außerhalb der Organisation aus.	1	2	3	4	5
Item 8	Ich kann selbst entscheiden, in welcher Reihenfolge ich meine Arbeit mache.	1	2	3	4	5
Item 9	Meine Arbeit ist sehr abwechslungsreich.	1	2	3	4	5
Item 10	Ich kann meine Arbeit so planen, wie ich es möchte.	1	2	3	4	5

Tabelle 1: Mitarbeiterbefragung der XY GmbH – Auszug mit 10 Beispielitems des Bereiches „Aufgabenmerkmale"
(Quelle: Eigene Darstellung in Anlehnung an Stegmann et al., 2010)

1.1 Ansätze zur Überprüfung der Eignung einer exploratorischen Faktorenanalyse

Die exploratorische Faktorenanalyse hat das Ziel, Daten zu reduzieren und Zusammenhänge zwischen Items auf latente Variablen (Faktoren) zurückzuführen oder einen komplexen Merkmalsbereich in homogenere Teilbereiche zu untergliedern (Bühner, 2006).

Die Faktorenanalyse lässt sich nach Backhaus, Erichson, Plinke und Weiber (2018) in folgende Schritte unterteilen:

1. Variablenauswahl und Korrelationsmatrix zur Überprüfung der Bedingungen für eine Faktorenanalyse (Eignungstests etc.):
   Notwendig für eine Durchführung der Faktorenanalyse ist ein ausreichend hoher Zusammenhang bzw. Korrelation zwischen den Variablen.
2. Faktorenextraktion (Hauptkomponentenanalyse, Hauptachsenanalyse, Maximum-Likelihood-Methode, ...)
3. Zahl der Faktoren
4. Interpretation der Faktoren
5. Berechnung der Faktorenwerte

Um zu überprüfen, ob sich die aus dem Fragebogen erhaltenen Daten (Variablenzusammenhänge) für eine Faktorenanalyse eignen (erster Schritt einer Faktorenanalyse), ist die Anwendung von Prüfkriterien denkbar (Backhaus et al., 2018).

Backhaus et al. (2018) gehen vor der Prüfung auf Eignung von einer Korrelationsmatrix aus. Mit Hilfe der empirischen Korrelationsmatrix wird die meist unbekannte Varianz der Daten geschätzt. Für die Schätzung der Faktorenanalyse nach der Hauptkomponentenanalyse ist eine Standardisierung der Daten notwendig, da diese nicht invariant gegenüber Skalierungen ist. Nach einer z-Standardisierung entspricht die Varianz-Kovarianzmatrix der Daten der Korrelationsmatrix (Fahrmeir, 1996).

Diese Korrelationsmatrix bedient sich standardisierter Daten, um die im Rahmen der Faktorenanalyse erforderlichen Rechenschritte zu erleichtern, Interpretationserleichterungen zu erzielen und Variablen vergleichbar zu machen. Zeigen sich viele kleine Korrelationskoeffizienten in einer Korrelationsmatrix, so liegt eine heterogene Datenstruktur vor und die Anwendung einer Faktorenanalyse kann dann nicht mehr sinnvoll sein (Backhaus et al., 2018). Im gewählten Bespiel wird ausschließlich die Berufsgruppe der Pflegekräfte befragt, weshalb eine homogene Datenstruktur sichergestellt werden kann. Eine eindeutige Bewertung der Eignung der Daten ist durch das reine Betrachten der Korrelationsmatrix jedoch nicht möglich (Backhaus et al., 2018). Backhaus et al. (2018) empfehlen daher mehr als ein Kriterium zur faktoranalytischen Eignung der Datenmatrix anzuwenden, da die unterschiedlichen Kriterien verschiedene Vor- und Nachteile mit sich bringen.

Eine Möglichkeit, die Daten zu überprüfen, ist der *Bartlett-Test auf Spherizität*. Dieser überprüft die Nullhypothese, dass die Stichprobe aus einer Erhebungsgesamtheit entstammt, in der die Variablen unkorreliert sind (Dziuban & Shirkey, 1974). Es herrscht nach Backhaus et al. (2018) die Frage vor, ob die Korrelationsmatrix nur zufällig von einer Einheitsmatrix abweicht, da im Falle der Einheitsmatrix alle Nicht-diagonal-Elemente Null sind. Zur Testung, ob tatsächlich Korrelationen zwischen den Variablen vorliegen, stellen sie folgende Hypothesen auf:

H_0: Die Variablen in der Grundgesamtheit sind unkorreliert.

H_1: Variablen in der Erhebungsgesamtheit sind korreliert.

Dziuban und Shirkey (1974) betrachten eine Ablehnung der Nullhypothese auf Basis einer signifikanten Prüfgröße als erstes Indiz für die Eignung der Daten für eine Faktorenanalyse. Der Bartlett-Test kann als Untergrenze für die Eignung der Korrelationsmatrix betrachtet werden. Wenn die Nullhypothese anhand dieses Verfahrens also nicht abgelehnt werden kann, sind die Daten in Bezug auf eine Faktorenanalyse als ungeeignet zu bewerten.

Für die Anwendung des Barlett-Test wird vorausgesetzt, dass die Variablen in der Grundgesamtheit normalverteilt sind und die entsprechende Prüfgröße annährend Chi-Quadrat verteilt ist, wobei diese stark von der Größe der Stichprobe abhängt (Backhaus et al., 2018). Aufgrund dieser Anfälligkeit für Verzerrungen aufgrund der Stichprobengröße, bedeutet eine Ablehnung der Nullhypothese nicht automatisch eine Annahme der Eignung der Daten (Dziuban & Shirkey, 1974).

Backhaus et al. (2018) halten es somit für sinnvoll, die Daten mit einer weiteren Prüfgröße hinsichtlich ihrer Eignung für eine Faktorenanalyse zu bewerten. Kann ein Nachweis auf eine Normalverteilung der Ausgangsdaten nicht erbracht werden, muss grundsätzlich auf andere Prüfgrößen zurückgegriffen werden, da es sich um eine Verletzung der Voraussetzungen des Bartlett-Tests handelt.

Eine weitere Prüfgröße stellt das *Kaiser-Meyer-Olkin-Kriterium (KMO-Kriterium)* dar, welches nach Backhaus et al. (2018, S. 379) „als das beste zur Verfügung stehende Verfahren zur Prüfung der Korrelationsmatrix angesehen" wird. Das KMO-Kriterium gibt Auskunft über die Zusammengehörigkeit der Variablen im Gesamten (Weiber & Mühlhaus, 2014). Die Berechnung des KMO-Kriteriums basiert auf der Prüfgröße *measure of sampling adequacy (MSA)*. Beim MSA wird jede Variable einzeln berechnet. Mit

Hilfe einer Anti-Image-Korrelationsmatrix zeigt das MSA-Kriterium an, in welchem Umfang ein Zusammenhang der Ausgangsvariablen vorliegt. Das MSA-Kriterium ermöglicht neben einer Beurteilung der Korrelationsmatrix insgesamt auch eine einzelner Variablen. Der Wertebereich des MSA-Kriteriums liegt zwischen 0 und 1 (Backhaus et al., 2018). Eine Korrelationsmatrix mit MSA <0,5 eignet sich nach Cureton und D'Agostino (2013) nicht für eine Faktorenanalyse. Wünschenswert sei ein MSA-Wert von ≥ 0,8 (Kaiser, 1970). Für die KMO-Werte gilt dieselbe Regel wie auch für MSA-Werte: Je näher KMO-Koeffizient an dem Wert 1 liegt, desto geeignet sind die Items für die explorative Faktorenanalyse (Kaiser, 1970; Kaiser & Rice, 1974).

KMO - Koeffizient	Beurteilung
KMO ≥ 0,9	sehr gut
KMO ≥ 0,8	gut
KMO ≥ 0,7	Mittel
KMO ≥ 0,6	Mäßig
KMO ≥ 0,5	schlecht
KMO < 0,5	inakzeptabel

Tabelle 2: Interpretation des KMO-Wertes
(Quelle: Eigene Darstellung in Anlehnung an Backhaus et al., 2018, S. 379)

1.2 Methode zur Ermittlung der Skalenzahl

Wurden die Daten anhand der dargelegten Methoden als für eine Faktorenanalyse geeignet bewertet, erfolgt die Extraktion der Faktoren (zweiter Schritt einer Faktorenanalyse). Im dritten Schritt einer Faktorenanalyse wird sodann die Anzahl der zu extrahierenden Faktoren bestimmt. Da für diese Entscheidung keine eindeutigen, objektiven Vorschriften existieren, handelt es sich hierbei um eine subjektive Entscheidung des Anwenders (Backhaus et al., 2018).

Es können nach Backhaus et al. (2018) allerdings zwei statistische Kriterien bei dieser Entscheidung herangezogen werden. Bei beiden Verfahren wird der Eigenwert der Faktoren genutzt, welcher die Varianz aller Beobachtungswert für einen Faktor misst. Der Eigenwert eines Faktors entsteht durch die Addition der entsprechenden quadrierten Faktorenladungen aller Variablen. Er beschreibt somit den Beitrag des Faktors zur Aufklärung der Varianz aller Variablen.

Das *Kaiser-Gutmann-Kriterium* nutzt ausschließlich die Eigenwerte, um die Anzahl der Faktoren aufzuzeigen. Faktoren mit einem Eigenwert ≥ 1 werden dabei extrahiert. Faktoren, deren Eigenwerte kleiner sind, erklären weniger Varianz als eine einzelne z-standardisierte Variable, sodass eine Extraktion dieser nicht sinnvoll scheint. Häufig führt die

Anwendung des Kaiser-Gutmann-Kriteriums dazu, dass die Anzahl der zu extrahierenden Skalen vor allem bei einer großen Variablenanzahl zu groß und eine sinnvolle Interpretation der Faktoren dann kaum möglich ist (Döring & Bortz, 2016).

Das gewählte Beispiel ist mit 10 Items gering. Es wird somit die Faktorenladung dieser
10 Items ausgerechnet und für jeden Faktor einzeln zusammengerechnet. Weist ein
Faktor nur wenige positive, hohe Korrelationen und zudem noch negative Korrelationen
auf, ist es möglich, dass der Wert nicht über 1 steigt. Dieses Kriterium ist insbesondere
bei einer hohen Reliabilität gültig (Bühner, 2006). Oftmals wird jedoch nach Döring und
Bortz (2016) die Faktorenanzahl überschätzt.

Der von Cattell (1966) entwickelte *Scree-Test* stellt eine graphische Methode zur Be-
stimmung der Faktorenanzahl dar (Backhaus et al., 2018). Im Rahmen dieses Tests
werden die Eigenwerte der Faktoren absteigend sortiert und in dieser Reihenfolge von
links nach rechts in einem Koordinatensystem, dem sogenannten *Scree-Plot*, angeord-
net (Ledesma, Valero-Mora & Macbeth, 2015). In Betrachtung der Grafik (Abbildung 1),
in welcher die Eigenwerte aufgeführt und durch eine Linie verbunden sind, entsteht in
den meisten Fällen dort ein Knick, an dem die höchste Differenz der Eigenwerte zweier
Faktoren ist (Backhaus et al., 2018). Alle Faktoren links des Knicks sind entsprechend
des Scree-Tests jene Faktoren, die zu extrahieren sind (Backhaus et al., 2018). Unein-
deutige Ergebnisse entstehen dann, wenn kein eindeutiger Knick sichtbar ist oder sich
sogar ein zweiter Knick in der Kurve zeigt (Ledesma et al., 2015). Aufgrund dessen wird
häufig in empirischen Untersuchungen bevorzugt das Kaiser-Gutmann-Kriterium herangezogen (Backhaus et al., 2018).

Wurde im gewählten Bespiel ein Knick nach dem vierten Punkt im Diagramm deutlich,
dann gilt es vier Faktoren zu extrahieren (Abbildung 1).

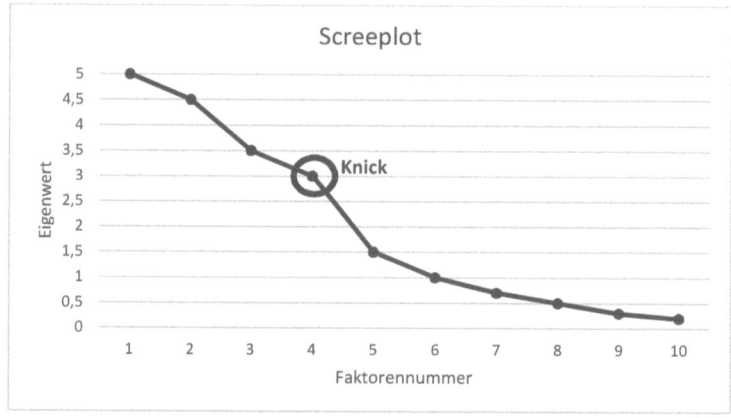

Abbildung 1: Scree-Plot bei 4 zu extrahierenden Faktoren im gewählten Bespiel
(Quelle: Eigene Darstellung in Anlehnung an Backhaus et al., 2018, S. 398)

1.3 Methode zur Interpretation der Skalen

Nachdem die Anzahl der zu extrahierenden Faktoren bestimmt ist, müssen sie im vierten Schritt der Faktorenanalyse inhaltlich interpretiert werden. Zur Interpretationshilfe werden die Faktorladungen der einzelnen Variablen herangezogen. Zumal für die Interpretation eine hohe Sachkenntnis des Anwenders bezüglich des konkreten Untersuchungsobjektes vorausgesetzt wird. Damit der Anwender entscheiden kann, ab welcher Ladungshöhe er eine Variable einem Faktor zuordnen kann, gilt es als Konvention, hohe Ladungen ab einer Faktorladung von 0,5 oder größer anzunehmen. Weist eine Variable eine solche hohe Ladung auf mehreren Faktoren auf, muss sie auch bei jedem dieser Faktoren zur Interpretation herangezogen werden. Eine sogenannte *Einfachstruktur* ist nämlich nur dann gegeben, wenn die Items jeweils stark mit einem einzigen Faktor korrelieren. Ist die Ladung mehrerer Variablen auf mehrere Faktoren gleich hoch, dann ist eine sinnvolle Faktoreninterpretation unmöglich (Backhaus et al., 2018).

Liegen in der hier aufgeführten Mitarbeiterbefragung die Werte der Items 4 „Ich bin frei in der zeitlichen Einteilung meiner Arbeit.", 8 „Ich kann selbst entscheiden, in welcher Reihenfolge ich meine Arbeit mache." und 10 „Ich kann meine Arbeit so planen, wie ich es möchte." für den ersten Faktor bei ≥ 0,5, kann davon ausgegangen werden, dass diese Items jeweils etwas sehr Zusammenhängendes messen. In Betrachtung der einzelnen Items, ist es oftmals möglich, hieraus eine Faktorbenennung zu finden.

Bei diesen drei Items wird erkennbar, dass die Thematik der Planung vordergründig ist. Bei einer Einfachstruktur im gewählten Beispiel wäre es denkbar, diesen Faktor als „Planung" zu benennen. Komplexe Fragebögen tendieren dazu, einige Items auf mehrere Faktoren hoch zu laden. Hierbei wird es notwendig, klar zu machen, welche Faktoren wie sehr von welchen Items beeinflusst und beantwortet werden. Es ist dadurch jedoch möglicherweise nicht mehr einfach festzulegen, wie viele und welche Faktoren es gibt (Bühner, 2006).

Die Rotation des Koordinatenkreuzes, in dem die Faktorladungen abgetragen sind, kann nach Backhaus et al. (2018) die Interpretation der einzelnen Faktoren erleichtern. Die Rotation geschieht im Ursprung des Koordinatenkreuzes und kann grundlegend in zwei verschiedenen Formen vorgenommen werden. Sofern angenommen werden kann, dass die Faktoren untereinander nicht korrelieren, wird der rechte Winkel zwischen den Faktorachsen bei der Rotation beibehalten (*orthogonale Rotation*). Wird jedoch eine Korrelation der Faktoren untereinander angenommen, so erfolgt die Rotation der beiden Achsen in einem schiefen Winkel zueinander (*oblique Rotation*).

Die Achsen X_1, X_2, ..., X_p werden bei einer Rotation so rotiert, dass die rotierten Achsen Y_1, Y_2, ..., Y_p sukzessiv maximale Varianz aufklären. Demnach wird X_1 so rotiert, dass Y_1 die maximale Varianz der Gesamtvarianz aller Items erfasst. X_2 wird dann anschließend so rotiert, dass Y$_2$ die maximale Varianz der verbleibenden Restvarianz erfasst (Döring & Bortz, 2016). Anschließend werden im letzten Schritt einer Faktorenanalyse die Faktorenwerte bestimmt (Backhaus et al., 2018).

1.4 Mögliche Ergebnisse des Beispielfalls

Mit Hilfe der bereits beschriebenen Methoden sollte feststellbar sein, wie viele latente Faktoren gebildet werden können, welche Items wie stark auf welchen Faktoren laden und ob bestimmte Items auf dem Fragebogen entfernt werden sollten, da sie die Faktorenbildung stören.

Eine Hauptachsenanalyse (zweiter Schritt der Faktorenanalyse) könnte beispielsweise folgendes Ergebnis aufzeigen:

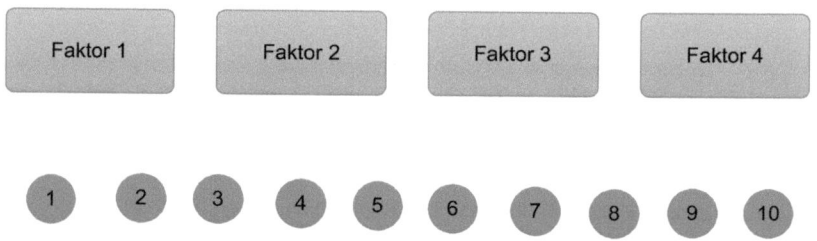

Abbildung 2: Korrelation der Items mit vier zu extrahierenden Faktoren
(Quelle: Eigene Darstellung)

Die Kreise stellen die einzelnen Items 1-10 dar und die von den extrahierten Faktoren ausgehenden Linien symbolisieren eine Korrelation von ≥ 0,5. Wie bereits in Kapitel 1.3 beschrieben ist ab diesem Wert ein Item einem Faktor zugehörig. Abbildung 2 lässt erkennen, dass eine Einfachstruktur nicht vorliegen kann, da beispielsweise Item 9 mit dem Faktor 1 und 3 korreliert. Mit Hilfe einer orthogonalen Rotation ergibt sich in diesem Fall Abbildung 3.

Nach Anwendung der orthogonalen Rotation verändern sich in diesem Beispiel die Faktorladungen und es entsteht eine Einfachstruktur. Eine Faktornennung wird dadurch ermöglicht und könnte wie folgt lauten:

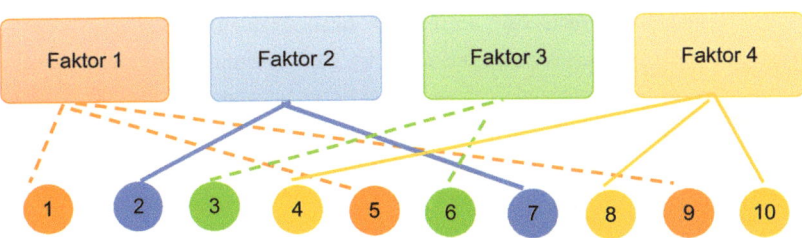

Abbildung 3: Korrelation der Items mit den vier Faktoren nach der orthogonalen Rotation
(Quelle: Eigene Darstellung)

BEREICH „AUFGABENMERKMALE"
Aufgabenvielfalt
Item 1: In meiner Tätigkeit mach ich sehr viele verschiedene Dinge
Item 5: Bei der Arbeit muss ich eine Vielfalt von Aufgaben bearbeiten.
Item 9: Meine Arbeit ist sehr abwechslungsreich.
Wichtigkeit
Item 2: Meine Arbeit wirkt sich bedeutsam auf das Leben anderer Menschen aus.
Item 7: Meine Arbeit wirkt sich stark auf Menschen außerhalb der Organisation aus
Ganzheitlichkeit
Item 3: Die Ergebnisse meiner Arbeit sind vollständige, abgeschlossene Produkte/Dienstleistungen.
Item 6: Bei meiner Arbeit habe ich die Möglichkeit, Produkte/Dienstleistungen, die ich beginne, fertig zu stellen
Planung
Item 4: Ich bin frei in der zeitlichen Einteilung meiner Arbeit
Item 8: Ich kann selbst entscheiden, in welcher Reihenfolge ich meine Arbeit mache.
Item 10: Ich kann meine Arbeit so planen, wie ich es möchte.

Tabelle 3: Benennung der vier Faktoren der Mitarbeiterbefragung bezüglich zughöriger Items
(Quelle: Eigene Darstellung)

1.5   Unterschied zur konfirmatorischen Faktorenanalyse

Es gibt zwei Arten von Faktorenanalysen: die hier bereits vorgestellte explorative Faktorenanalyse, ein strukturentdeckendes, und die konfirmatorische Faktoranalyse, ein strukturprüfendes Verfahren. Bei einer konfirmatorischen Faktoranalyse beinhalten die faktorenanalytischen Hypothesen sowohl Annahmen in Bezug auf die Anzahl der

Faktoren als auch in Bezug auf das Ladungsmuster der Variablen (Bortz & Schuster, 2010). Im Kontext der oben dargestellten Befragung würde eine konfirmatorische Faktorenanalyse also untersuchen, inwieweit die Indikatorvariablen in Form der Items mit den aus der Theorie abgeleiteten hypothetischen Faktoren in Form der Skalen in Beziehung stehen. Um mögliche Verzerrungen einzelner Items auszugleichen, wird das Konzept multipler Items verfolgt. Das bedeutet, dass mehrere Variablen eingesetzt werden, um das dahinterliegende Konstrukt möglichst unverzerrt in seiner Ganzheit abzubilden (Backhaus et al., 2018).

In Bezug auf die Mitarbeiterbefragung wäre eine konfirmatorische Faktorenanalyse somit erst möglich, wenn theoriebasiert Faktoren bereits vorgegeben wären, die es zu überprüfen gilt. Auf Basis der theoretischen Ausführungen von Stegmann et al. (2010) können insgesamt sieben Faktoren der Aufgabenmerkmale abgeleitet werden: Planung, Entscheidungen, Methode, Aufgabenvielfalt, Wichtigkeit, Ganzheitlichkeit, Rückmeldung durch die Tätigkeit. Es erfolgt sodann eine Zuordnung von Indikatorvariablen, im Falle des Fragebogens (Auszug) der Items, zu den hier vier gewählten Faktoren. Inhalt und Anzahl dieser Items müssen in diesem Schritt festgelegt werden.

Konfirmatorische Faktorenanalysen setzen reflektive Messmodelle voraus. Bei diesen wird unterstellt, dass Veränderungen in den Messwerten kausal durch die theoretischen Konstrukte der Faktoren verursacht werden. Veränderungen in den Faktoren führen gleichermaßen zu entsprechenden Veränderungen der Indikatorvariablen, weshalb diese Items auch als reflektive Indikatoren bezeichnet werden. Reflektive Messmodelle folgen einem faktorenanalytischen Ansatz und unterstellen eine hohe Korrelation zwischen den einzelnen Items. In diesem Fall müssen die Items so definiert werden, dass sie den Faktor in seiner Gesamtheit möglichst gut widerspiegeln (Backhaus et al., 2018). Im Kontext der konfirmatorischen Faktorenanalyse werden die faktorenanalytischen Hypothesen mittels Anpassungstests überprüft, die die statistische Signifikanz der Abweichung der empirisch ermittelten Faktorladungen zu den theoretisch angenommenen Faktorladungen überprüfen (Bortz & Schuster, 2010). Im vorliegenden Anwendungsfall würde also statistisch überprüft werden, inwieweit sich die aus der Stichprobe von $N = 500$ Mitarbeitern gewonnenen Daten des Fragebogens von der im Voraus angenommenen Faktorenstruktur in Bezug auf die Faktorladungen der Items unterscheiden.

2 Lineares Regressionsmodell

Die Regressionsanalyse ist ein Verfahren zur Schätzung des Einflusses einer oder mehrerer Merkmale auf eine abhängige Variable. Die Regressionsanalyse hat den Vorteil, dass sie den Einfluss eines einzelnen Merkmals auf eine abhängige Variable unter Konstanthaltung der anderen Einflussgrößen schätzt. Bei der linearen Regression werden nur lineare bzw. linearisierbare Einflussbeziehungen auf metrisch abhängige Variablen erfasst (Wolf & Best, 2010). Auf der Grundlage eines Beispiels führt dieses Kapitel zunächst vier Grundannahmen der linearen Regression ein. Hierbei wird zudem beschrieben, wie diese Grundlagen des Verfahrens überprüft werden können. Das Kapitel stellt auch Möglichkeiten bei Nichterfüllung der Annahmen dar.

Für das Beispiel wird folgendes Szenario nach Schwarz und Bruderer Enzler (2018) gewählt:

Viele Menschen behaupten, dass bei ihnen erst der erste Schneefall Weihnachtsgefühle weckt. Es soll nun untersucht werden, ob Schneefall tatsächlich die Weihnachtsstimmung steigert. Eine bereits veröffentlichte Studie konnte zeigen, dass die Weihnachtsstimmung durch die Anzahl gekaufter Weihnachtsdekorationsartikel operationalisiert werden kann. Es wird nun die folgende Forschungsfrage formuliert: Besteht ein Zusammenhang zwischen der Anzahl schneefallreicher Tage in der Vorweihnachtszeit und dem Umsatz (in Tausend Schweizer Franken) in Dekorationsgeschäften (n = 212).

Der zu analysierende Datensatz enthält neben einer Identifikationsnummer des Dekorationsgeschäfts (*id*) eine Variable, die den Umsatz erfasst (*deko*), und eine, die die Anzahl Tage mit Schneefall wiedergibt (*schnee*). Der Datensatz wird wie vorgegeben zur Veranschaulichung der Erläuterungen dieses Kapitels herangenommen (Schwarz & Bruderer Enzler, 2018). Die Ergebnisausgabe erfolgt mit Hilfe der Statistiksoftware SPSS.

id	Abhängige Variable deko	Unabhängige Variable schnee
1	3.3	15
2	4.4	16
3	12.4	14
4	7.8	14
5	20.0	14
6	5.7	16
7	13.1	17
...	...	...
210	6.6	15
211	15.0	16
212	3.5	14

Abbildung 4: Beispieldaten aus dem SPSS-Datensatz
(Quelle: Schwarz & Bruderer Enzler, 2018)

Grundidee der Regressionsanalyse ist es nach Leonhard (1973), einen Zusammenhang zwischen Variablen durch eine lineare Funktion zu beschreiben (mathematisch: eine Gerade). Die abhängige Variable y (deko), also das Merkmal, das mit dem statistischen Modell untersucht werden soll, wird als Funktion der unabhängigen Variablen x_i (schnee), also das Merkmal, dessen Einfluss auf das Einkommen geprüft wird, beschrieben: $y = f(x_i)$.

Ausgehend von der zu untersuchenden Hypothese, dass der Umsatz in Dekorationsgeschäften mit der Anzahl schneereicher Tage steigt, wobei „deko" die abhängige Variable und „schnee" die unabhängige Variable darstellt, lässt sich dies mathematisch in der folgenden Gleichung ausdrücken (Wolf & Best, 2010):

$$deko = f\ (schnee)$$

Diese Schreibweise bringt nach Wolf und Best (2010) zum Ausdruck, dass „deko" eine Funktion von „schnee" sei. Dabei bleibt zunächst offen, welcher Art diese Funktion ist. Wird vermutet, dass der Umsatz in Dekorationsgeschäften mit jedem schneefallreichen Tag um einen konstanten Betrag ansteigt, kann dies mit der Funktion

$$deko = \beta_0 + \beta_1\ schnee + \text{Fehlerterm}$$

beschrieben werden. Neben den Variablen „deko" und „schnee" enthält diese Gleichung zwei Regressionskoeffizienten oder Parameter, β_0 und β_1. Zudem taucht noch die Größe „Fehlerterm" auf. Diese lässt vermuten, dass es sich bei dem Zusammenhang zwischen „deko" und „schnee" nicht um eine deterministische (perfekte) funktionale Beziehung handelt. Vielmehr werden auch andere Faktoren den Umsatz des Dekorationsgeschäftes beeinflussen, einige von ihnen systematisch, andere werden zu einer zufälligen Schwankung der schneefallreichen Tage beitragen. In eine mathematische Notation überführt, lautet das Regressionsmodell:

$$y_i = \beta_0 + \beta_1 \cdot x_i + \varepsilon_i$$

2.1 Annahme 1: Linearität

Nach Backhaus et al. (2018) kann Nichtlinearität in unterschiedlichen Formen auftreten. Ein lineares Regressionsmodell fordert lediglich, dass eine lineare Beziehung in den Parametern besteht. Es gilt anzumerken, dass in vielen Fällen auch nicht-lineare Zusammenhänge zwischen y und x mittels Regressionsanalyse untersucht werden können (Backhaus et al., 2018). Hierzu wird der Zusammenhang vor der Regressionsanalyse derart transformiert, dass er linear wird. Dies ist durch eine Transformation von y und/oder x möglich. Im Anschluss wird nicht der Zusammenhang zwischen y und x modelliert, sondern zwischen den allenfalls transformierten Variablen. Ist z.B. der *prozentuale* Anstieg von y konstant, wenn x um eine Einheit erhöht wird, so ist eine Logarithmierung von y angemessen (Abbildung 5). Während der Zusammenhang zwischen y und x nicht linear ist, ist jener zwischen der transformierten Variable *ln(y)* und x linear (Schwarz & Bruderer Enzler, 2018).

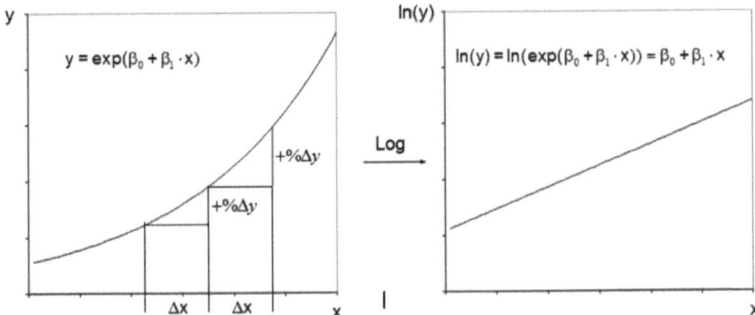

Abbildung 5: Linearisierung durch Transformation: vorher (links) und nachher (rechts) (Quelle: Schwarz & Bruderer Enzler, 2018)

Weiterhin erwähnen Schwarz und Bruderer Enzler (2018) weitere Transformationsmöglichkeiten. So kann beispielsweise auch *x* quadriert oder logarithmiert werden oder es könnte die Wurzel von *x* verwendet werden.

Um zu prüfen, ob die Annahme „Linearität" im gewählten Beispiel haltbar ist, wird ein Streudiagramm (ein "Scatterplot") zwischen der abhängigen und der unabhängigen Variable erstellt (siehe Abbildung 6).

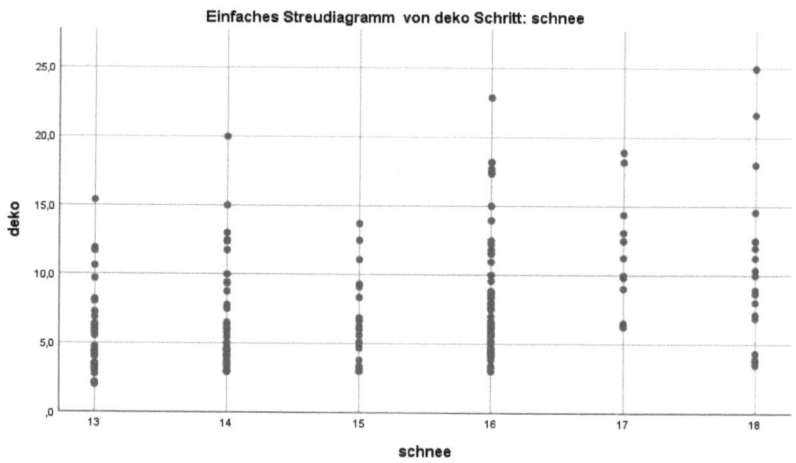

Abbildung 6: Streudiagramm im gewählten Beispiel
(Quelle: SPSS-Output)

Das Streudiagramm lässt für das Beispiel einen nicht sehr engen, positiven Zusammenhang vermuten. Damit scheint die Voraussetzung, dass der Zusammenhang an sich linear ist, erfüllt.

Abschließend soll festgehalten werden: Nicht-lineare Variablen sind möglich und oft sehr nützlich. Davon ist die Voraussetzung der Linearität der Koeffizienten zu unterscheiden, die zwingend erfüllt sein muss. Im gewählten Bespiel wird davon ausgegangen, dass das postulierte Modell

$$deko = \beta_0 + \beta_1 \, schnee + \text{Fehlerterm}$$

linear in den Koeffizienten ist. So können im vorgestellten SPSS-Dialog nur Modelle erstellt werden, die linear in den Koeffizienten sind. Ein in den Koeffizienten nicht lineares Modell würde bedeuten, dass es beispielsweise $(\beta_1)^2$ oder $\ln(\beta_1)$ beinhaltet (Schwarz & Bruderer Enzler, 2018).

2.2 Annahme 2: Bedingter Erwartungswert

Bei einem linearen Regressionsmodell wird davon ausgegangen, dass der Fehlerwert ε für jeden Wert der unabhängigen Variable den Erwartungswert Null hat (Backhaus et al., 2018). Das bedeutet, dass über alle Messungen hinweg die Abweichungen von der Gerade insgesamt Null ergeben, sich also ausgleichen (Frost, 2018).

Zur Überprüfung des Erwartungswertes von Null werden die Fehlervariablen aufaddiert. Liegt das Ergebnis bei Null kann davon ausgegangen werden, dass die Fehlervariablen zufällig sind und nicht etwa von einem latenten Faktor beeinflusst werden. Liegt der Erwartungswert weit über oder unter Null, sollten weitere unabhängige Variablen betrachtet werden, die die abhängige Variable beeinflussen könnten (Frost, 2018).

Zur Prüfung dieser Annahme im gewählten Beispiel wird ein Streudiagramm der standardisierten, geschätzten Werte von *y* (auf der x-Achse) und der standardisierten Fehlerwerte (Residuen; auf der y-Achse) erzeugt. Es soll damit geprüft visuell werden, ob über den gesamten Wertebereich der geschätzten Werte der Fehler im Mittel 0 beträgt.

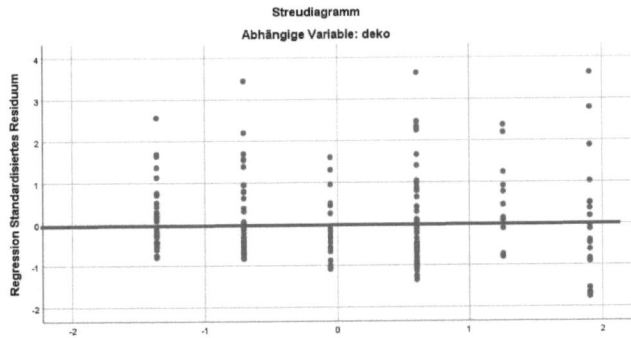

Abbildung 7: Streudiagramm der Fehlerwerte
(Quelle: SPSS-Output)

Abbildung 7 macht deutlich, dass der Mittelwert der Fehlerwerte ungefähr bei 0 liegen könnte: Die negativen und die positiven Abweichungen von 0 auf der y-Achse ("gegen oben" und "gegen unten") gleichen sich im Mittel etwa aus.

2.3 Annahme 3: Normalverteilung des Fehlerwertes

Eine weitere Annahme des linearen Regressionsmodells ist, dass die Residuen normalverteilt sein sollten. Diese Annahme ist lediglich für die Durchführung statistischer Tests (t-test, F-test) von Bedeutung (Backhaus et al., 2018). Eine Überprüfung der Normalverteilung des Fehlerwertes ist auf grafische Art möglich. Das sogenannte *Normal-Quantil-Plot* vergleicht die Quantile der Häufigkeitsverteilung mit den Quantilen der

Normalverteilung, wobei x und y Werte ausgegeben werden, die in einer Grafik bei Normalverteilung eine Gerade bilden (Frost, 2018).

Ist eine Normalverteilung nicht feststellbar, ist dies nicht zwangsläufig ein Indiz gegen eine lineare Regression. In diesem Fall ist jedoch eine Durchführung statistischer Testverfahren (t-test, F-test) nicht mehr möglich, da die Ergebnisse verzerrt werden. Der Grund dafür ist, dass Signifikanztests mit der Prämisse Normalverteilung ausgewertet werden. Wenn keine Normalverteilung vorliegt, kann die Annahme umgangen werden, jedoch nur bei einer großen Stichprobe von über 40 Probanden. Hierbei sind die Signifikanztests unabhängig der Verteilung der Störgrößen gültig, jedoch nur, wenn die anderen Annahmen der linearen Regression erfüllt sind (Backhaus et al., 2018).

In Anwendung des Beispiels wird anhand eines Histogramms der standardisierten Residuen die Normalverteilung visuell beurteilt. Abbildung 8 lässt erkennen, dass die Verteilung des Residuums in den Beispieldaten rechtsschief ist (Schwarz & Bruderer Enzler, 2018).

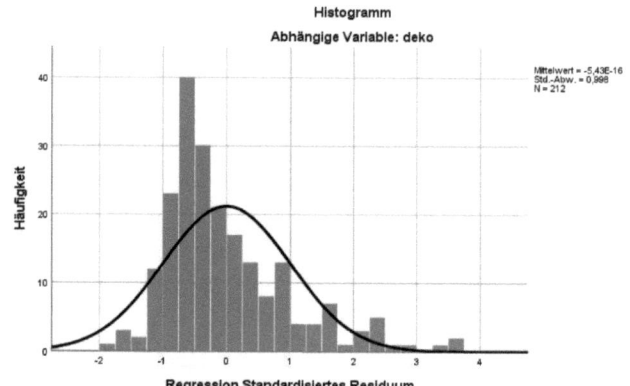

Abbildung 8: Verteilung der Fehlerwerte
(Quelle: SPSS-Output)

2.4   Annahme 4: Homoskedastizität

Homoskedastizität bedeutet, dass der Fehler für jeden Wert der unabhängigen Variablen die gleiche Varianz aufweist. Liegt keine Homoskedastizität vor, der Fehler hat also nicht über den ganzen Wertebereich der geschätzten Werte die gleiche Varianz, so wird von Heteroskedastizität gesprochen (Rönz & Förster, 1992). Dies ist daran zu erkennen, dass das Streudiagramm ein eindeutiges Muster aufweist, wie beispielsweise in Abbildung 9 eine Trompetenform (Backhaus et al., 2018; Schwarz & Bruderer Enzler, 2018).

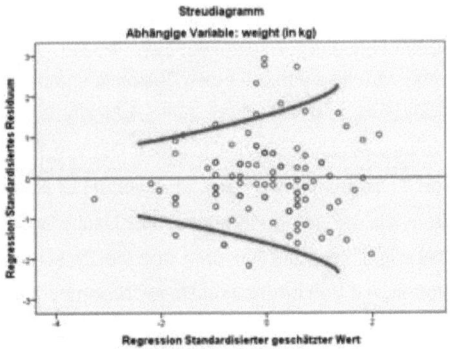

Abbildung 9: Beispiel für Heteroskedastizität
(Quelle: Schwarz & Bruderer Enzler, 2018)

Heteroskedastizität wird durch systematische Fehler oder fehlspezifizierte Modelle verursacht (Backhaus et al., 2018). So kann z. B. eine Ablenkung der Probanden durch sequenzielle Störgeräusche (z. B. laute Musik) während einer Messung die Varianz systematisieren (Bühner & Ziegler, 2017). Liegt keine Homoskedastizität vor, hat dies eine Verzerrung der Standardfehler der Regressionsparameter und fehlerhafte Schätzung des Konfidenzintervalls für den Populationsparameter zur Folge (Backhaus et al., 2018). Homoskedastizität kann z. B. über den *Goldfeld/Quandt*-Test geprüft werden. Hierbei werden die Varianzen zweier Teilstichproben ins Verhältnis gesetzt. Eine ideale Homoskedastizität liegt dann vor, wenn der Quotient 1 ergibt. Je weiter der Wert von 1 entfernt, desto wahrscheinlicher ist eine Heteroskedastizität (Backhaus et al., 2018). Weitere Verfahren zur Überprüfung sind etwa der *Breusch-Pagan*-Test, der *White*-Test (Auer & Hoffmann, 2017) oder das *Verfahren von Glesjer* (Backhaus et al., 2018).

Zur Prüfung der Annahme im gewählten Beispiel wird das gleiche Streudiagramm, in welchem bereits der bedingte Erwartungswert des Fehlers geprüft wurde, herangenommen. Es wird visuell geprüft, ob über den gesamten Wertebereich der geschätzten Werte der Fehler die gleiche Varianz aufweist (Schwarz & Bruderer Enzler, 2018). Dies scheint im vorliegenden Beispiel der Fall zu sein (siehe Abbildung 7). Das bedeutet, es liegt vermutlich Homoskedastizität vor.

3 Mehrfaktorielle Varianzanalyse

Eine mehrfaktorielle Varianzanalyse untersucht die Wirkung mehrerer unabhängiger normal skalierter Variablen (sogenannte Faktoren oder Treatments) auf eine oder mehrere abhängige metrisch skalierte Variablen (sogenannte Zielvariablen). Die Varianzanalyse ist das wichtigste Analyseverfahren zur Auswertung von Experimenten. Im Vergleich zur Regressionsanalyse liegt der Varianzanalyse eine Vermutung über die Wirkungsrichtung der Variablenbeziehung zugrunde. In Abhängigkeit der Anzahl an Zielvariablen wird zwischen univariaten (ANOVA) und multivariaten Varianzanalysen (MANOVA) (Backhaus et al., 2018). Im Folgenden soll die Vorgehensweise einer multifaktoriellen Varianzanalyse anhand eines Beispiels erläutert werden. Das Beispiel beschreibt eine dreifaktorielle ANOVA mit der Zielvariablen *wahrgenommene psychische Belastung* aus dem arbeitspsychologischen Kontext. Der vorgegebene SPSS-Output findet sich in der Anlage 1. Insgesamt wurden Daten von 4617 Personen erhoben. Auf einer 4-stufigen Skala wurde die wahrgenommene psychische Belastung (Minimum=0, Maximum=3) erfragt. Tabelle 4 zeigt die Faktoren und die Zwischensubjektfaktoren sowie die Stichprobengrößen, die den erhobenen Daten zugrunde liegen.

Faktor	Zwischensubjektfaktor	*N*
Branche	Dienstleistung	3356
	Landwirtschaft und Produktion	1261
Beschäftigungsstatus	Vollzeit	3474
	Teilzeit	1143
Arbeitsplatz	Büro	2277
	Nicht-Büro	2340

Tabelle 4: Faktoren, Zwischensubjektfaktoren und Stichprobengröße des Beispiels (Quelle: Eigene Darstellung, Werte aus Anlage 1)

Backhaus et al. (2018) schlagen zur Verdeutlichung des Grundprinzips einer Varianzanalyse folgende Vorgehensweise vor, die in diesem Kapitel herangezogen wird:

①	Modellformulierung
②	Zerlegung der Streuung
③	Prüfung der statistischen Signifikanz

Abbildung 10: Ablaufschritte der Varianzanalyse
(Quelle: Eigene Darstellung in Anlehnung an Backhaus et al., 2018, S. 165)

3.1 Modellformulierung

Der erste Schritt einer Varianzanalyse ist die Modellformulierung. Es soll die Varianz der wahrgenommenen psychischen Belastung durch die unabhängigen Variablen erklärt werden. Da es möglich ist, dass der Test mehr Einflüsse hat als er erfassen kann, enthält der ermittelte Wert sowohl wahre Werte als auch Zufalls- bzw. Störgrößen, die die Testwerte beeinflussen (Backhaus et al., 2018). Das Modell nach Backhaus et al. (2018) einer dreifaktoriellen ANOVA folgt folgender Form:

$$y_{ghik} = \mu + \alpha_g + \beta_h + \gamma_i + (\alpha\beta)_{gh} + (\beta\gamma)_{hi} + (\alpha\gamma)_{gi} + (\alpha\beta\gamma)_{ghi} + \epsilon_{ghik}$$

wobei:

y_{ghik} = Beobachtungswert k ($k = 1, 2,\cdots,K$) in den Faktorstufen g ($g = 1, 2,\cdots, G$), h ($h = 1, 2,\cdots,H$) und i ($i = 1, 2, \cdots, I$)

μ = Gesamtmittelwert in der Grundgesamtheit (Erwartungswert)

α_g = Wahrer Effekt der Faktorstufe g ($g = 1, 2,\cdots, G$)

β_h = Wahrer Effekt der Faktorstufe h ($h = 1, 2,\cdots,H$)

γ_i = Wahrer Effekt der Faktorstufe i ($i = 1, 2,\cdots, I$)

$(\alpha\beta)_{gh}$ = Wahrer Interaktionseffekt der Faktorstufen g und h

$(\beta\gamma)_{hi}$ = Wahrer Interaktionseffekt der Faktorstufen h und i

$(\alpha\gamma)_{gi}$ = Wahrer Interaktionseffekt der Faktorstufen g und i

$(\alpha\beta\gamma)_{ghi}$ = Wahrer Interaktionseffekt der Faktorstufen g, h und i

ϵ_{ghik} = Störgröße

In diesem Modell repräsentiert die Störgröße ϵ_{ghik} die vielzähligen, nicht beobachtbaren Einflüsse, die auf den Beobachtungswert y_{ghik} einwirken. Es wird dabei davon ausgegangen, dass die Störgrößen unabhängig voneinander sind (Rudolf & Müller, 2012).

Zur eindeutigen Identifizierbarkeit der Effekte wird angenommen, dass die Effekte sich gegenseitig ausgleichen, in der Summe somit Null ergeben (Backhaus et al., 2018). Eine weitere Annahme ist nach Rudolf und Müller (2012), dass die Varianzen homogen sind und eine Normalverteilung vorliegt. Die Homogenität kann beispielsweise mittels Levene-Tests überprüft werden, die Normalverteilung mittels Kolmogorov-Smirnov-Tests überprüft werden (Rudolf & Müller, 2012).

Varianzanalysen bedienen sich zur Berechnung der Effekte den Mittelwerten, die aus den Testwerten der einzelnen Personen berechnet werden. Dabei wird die Differenz zwischen den unterschiedlichen Untergruppen und dem gesamten Mittelwert betrachtet. Im gewählten Beispiel wurden somit zur Feststellung dessen, ob die unabhängigen Variablen (Branche, Beschäftigungsverhältnis, Arbeitsplatz) einen Effekt auf die abhängige Variable (wahrgenommene psychische Belastung) haben, die erhobenen Daten für jede Untergruppe die Mittelwerte der psychischen Belastung errechnet und aufgelistet. Beispielsweise werden alle Testwerte der psychischen Belastung aller in Dienstleistung Arbeitenden herangezogen. Dieser Wert liegt bei μ=1,5827 (*SD*=0,82707). Dies ist ein sogenannter Haupteffekt, also ein Effekt einer unabhängigen Variable auf die abhängige Variable (Backhaus et al., 2018). Im Falle von ungewichteten Probandenzahlen, was auf dieses Beispiel zutrifft, existiert keine bestimmte Formel zur Berechnung der Haupteffekte. Viel eher werden Statistikprogramme angewandt, in dem Beispiel das Programm SPSS, um ungewichtete Mittelwerte anhand der Analyse über die Quadratsumme von Typ III zu begutachten (Bortz & Schuster, 2010). In Betrachtung der in diesem Beispiel aufgeführten Signifikanz und der F-Werte der Tabelle „Tests der Zwischensubjekteffekte" (siehe Anlage 1), kann von Haupteffekten in der Branche (F=99,149, α< ,001) und dem Beschäftigungsverhältnis (F=48,676, α <,001) ausgegangen werden.

Die Haupteffekte der beiden Faktoren im oben beschriebenen Beispiel sind in den Abbildungen 11 und 12 dargestellt.

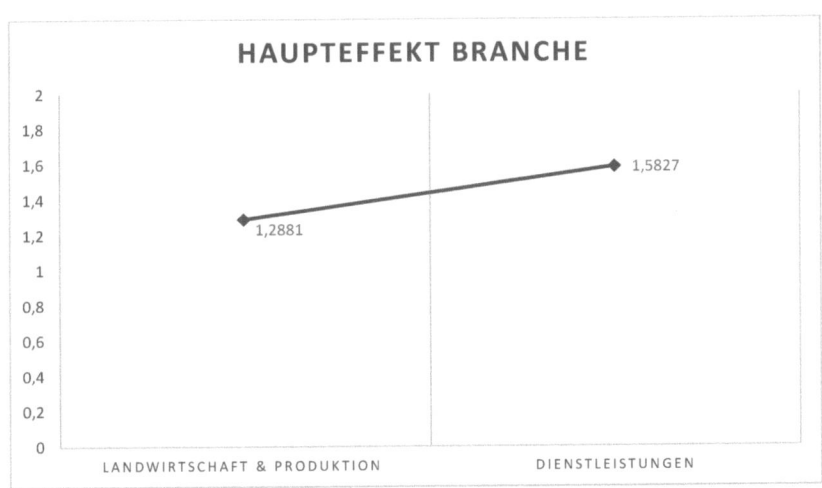

Abbildung 11: Grafische Mittelwertdarstellung der Branchengruppen-Haupteffekte
(Quelle: Eigene Darstellung)

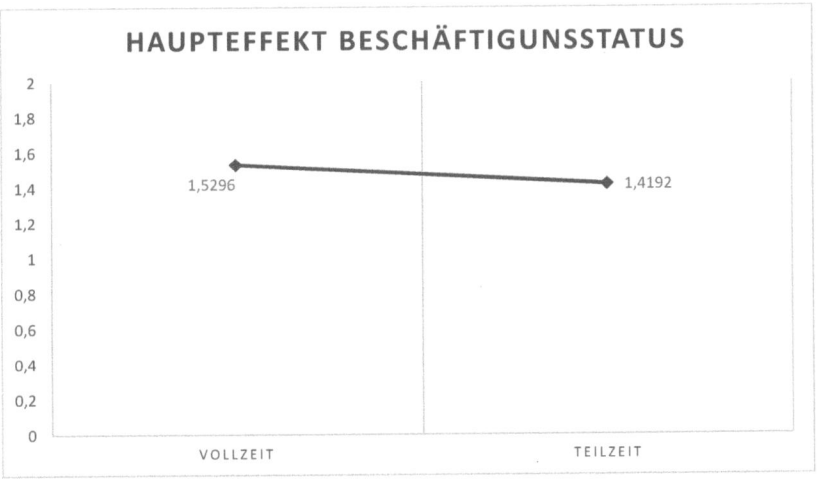

Abbildung 12: Grafische Mittelwertdarstellung der Beschäftigungsstatus-Haupteffekte
(Quelle: Eigene Darstellung)

In einer ersten Annahme kann basierend auf den Abbildungen 11 und 12 davon ausge-gangen werden, dass die Branche einen Einfluss auf die wahrgenommene psychische Belastung hat, da Mitarbeitende aus Landwirtschaft und Produktion geringere Werte in Bezug auf die wahrgenommene psychische Belastungen aufweisen als Mitarbeitende aus dem Dienstleistungssektor. Zudem kann angenommen werden, dass der Beschäfti-gungsstatus einen Einfluss auf die genannte Zielvariable hat, da Personen, die in Teilzeit beschäftigt sind, geringere Werte in Bezug auf ihre wahrgenommene psychische Belastung aufweisen als Personen, die einer Vollzeittätigkeit nachgehen. Dieser Effekt scheint aber nach Betrachten von Abbildung 12 eher gering zu sein. Für den Faktor Arbeitsplatz wird kein Haupteffekt ersichtlich (F=,003, α=,956). Die wahrgenommene psychische Belastung scheint demnach unabhängig von einer Tätigkeit im Büro zu sein.

Neben den Haupteffekten sind bei einer mehrfaktoriellen Varianzanalyse auch sogenannte Interaktionseffekte vorhanden. Während Haupteffekte die Effekte der einzelnen Faktoren auf die Zielvariable beschreiben, beschreiben Interaktionseffekte die Effekte der Faktoren auf die Zielvariable unter Einfluss der anderen Faktoren (Schäfer, 2016). Eine mathematische Berechnung möglicher Interaktionseffekte ergibt sich aus der Differenz zwischen dem beobachteten Mittelwert in der Kombination der betrachteten Faktorstufen und dem Schätzwert dieses Mittelwertes ohne Interaktion. Dieser Schätzwert ergibt sich aus der Differenz zwischen der Summe aller Gruppenmittel der betrachteten Faktorstufen sowie dem Gesamtmittelwert (Backhaus et al., 2018).

Im vorliegenden Beispiel sind zwei signifikante Interaktionseffekte vorhanden, wenn von einem Signifikanzniveau von α=,05 ausgegangen wird.

Abbildung 13 zeigt den ersten Interaktionseffekt zwischen den Faktoren Beschäftigungsstatus und Branche (F=7,200, α=,007). Es wird ein nichtparalleler Verlauf der Verbindungslinien deutlich, weshalb von einer Interaktion zwischen diesen Faktoren ausgegangen werden kann.

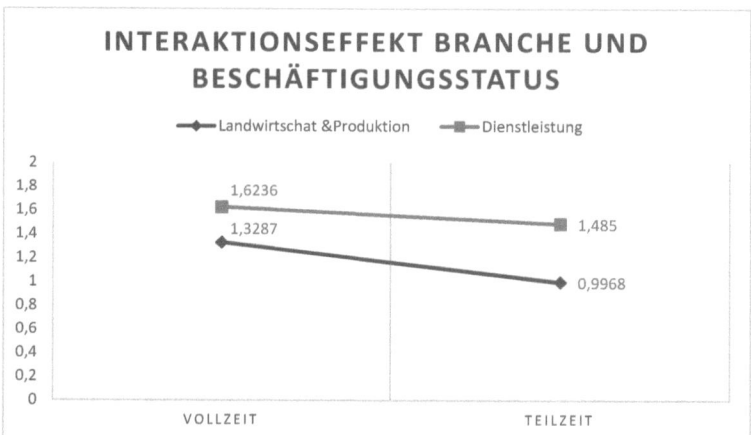

Abbildung 13: Grafische Darstellung des Interaktionseffektes Branche und Beschäftigungsstatus
(Quelle: Eigene Darstellung)

In Abbildung 14 ist der zweite Interaktionseffekt zwischen den Faktoren Bürotätigkeit und

Branche ($F=30{,}679$, $\alpha<{,}001$) dargestellt. Da sich ebenso ein nichtparalleler Verlauf der Verbindungslinien zeigt, kann auch hier von einer Interaktion zwischen diesen Faktoren ausgegangen werden kann.

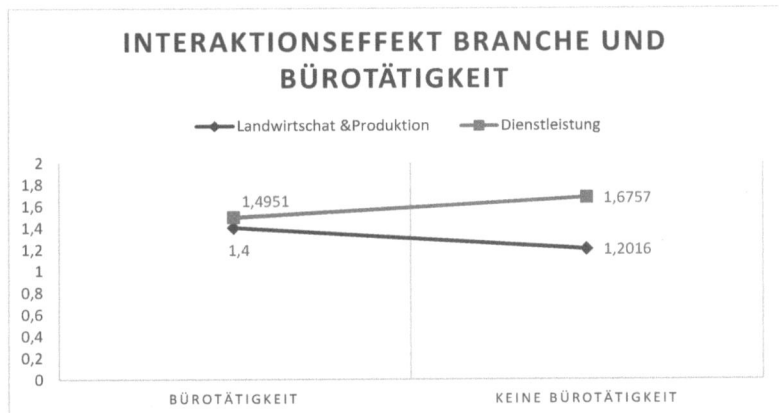

Abbildung 14: Grafische Darstellung des Interaktionseffektes Branche und Bürotätigkeit
(Quelle: Eigene Darstellung)

3.2 Zerlegung der Streuung

Um die Güte der Modelle zu beurteilen und die Signifikanz der Modelle zu prüfen, ist eine Zerlegung der Gesamtstreuung der Daten von Nöten. Als Streuung werden Abweichungen der Mittelwerte einzelner Testwerte von dem Gesamtmittelwert bezeichnet. Die Gesamtstreuung ist in eine erklärte Streuung und eine nicht erklärte Streuung aufgeteilt. Die erklärte Streuung ergibt sich aus den Streuungen durch die einzelnen Faktoren, der Wechselwirkung zwischen allen Faktoren und den Streuungen der Wechselwirkungen zwischen jeweils zwei Faktoren (Backhaus et al., 2018).

Die allgemeine Formel zur Berechnung der Streuung bei einer dreifaktoriellen Varianzanalyse lautet nach Backhaus et al. (2018):

$$SS_t = SS_A + SS_B + SS_C + SS_{AxB} + SS_{AxC} + SS_{BxC} + SS_{AxBxC} + SS_w$$

wobei:

SS_t = Gesamtstreuung

SS_A = Streuung durch Faktor Branche

SS_B = Streuung durch Faktor Beschäftigungsstatus

SS_C = Streuung durch Faktor Bürotätigkeit

SS_{AxB} = Streuung durch Wechselwirkung von Branche und Beschäftigungsstatus

SS_{AxC} = Streuung durch Wechselwirkung von Branche und Bürotätigkeit

SS_{BxC} = Streuung durch Wechselwirkung von Beschäftigungsstatus und Bürotätigkeit

SS_{AxBxC} = Streuung durch Wechselwirkung von Branche, Beschäftigungsstatus und Bürotätigkeit

SS_w = Reststreuung

Im vorliegenden Beispiel beträgt die Streuung SS_t=3158,004 (siehe Anlage „Tests der Zwischensubjekteffekte". Demensprechend werden auch die weiteren Streuungsarten berechnet, wobei jeweils nur die für die Streuung relevanten Testwerte summiert und mit der Probandenanzahl und den Ausprägungen multipliziert werden. Beispielsweise werden bei der Streuung des Faktors „Branchengruppe" nur die Abweichungen vom Mittelwert der isolierten Testwerte der Branchengruppen mit einbezogen (Backhaus et al., 2018).

Mittels dieser Streuungszerlegung kann die Güte des varianzanalytischen Modells bewertet werden. Das in diesem Kontext verwendete Gütemaß ist *Eta-Quadrat*, welches beschreibt, wie groß der Anteil der Gesamtstreuung ist, der durch das Modell erklärt wird. Es handelt sich hierbei um eine normierte Prüfgröße mit einem Wertebereich von 0 bis 1 (Backhaus et al., 2018).

$$Eta - Quadrat = \frac{erklärte\ Streuung}{gesamte\ Streuung} = \frac{SS_b}{SS_t} = \frac{158,197}{3.158,004} = 0,05$$

Im Hinblick auf die Interpretation gilt, je größer der Wert von Eta-Quadrat, umso höher der Anteil Gesamtstreuung, der anhand des Modells erklärt wird. Im oben beschriebenen Beispiel bedeutet es, dass 5% der wahrgenommenen psychischen Belastung sich durch die unterschiedlichen Arbeitsvariablen erklären lassen. 95% bleiben unerklärt und müssen auf Störeinflüsse zurückgeführt werden (Backhaus et al., 2018).

3.3 Prüfung der statistischen Signifikanz

Ein hoher Eta-Quadrat Wert besagt, dass das geschätzte Modell die Daten der Stichprobe gut erklärt, stellt jedoch lediglich eine notwendige und keine hinreichende Bedingung für die Gültigkeit in der Grundgesamtheit dar. Um das zu prüfen, muss ein statistisches Verfahren angewandt werden, dass den Stichprobenumfang berücksichtigt. Die Varianzanalyse verwendet hierfür die F-Statistik, die die Nullhypothese prüft, dass keiner der drei Faktoren eine Wirkung auf die Zielvariable hat (Backhaus et al., 2018). Die F-Statistik wird nach Backhaus et al. (2018) anhand folgender Formel berechnet:

$$F_{emp} = \frac{\text{erklärte Varianz}}{\text{nicht erklärte Varianz}} = \frac{MS_b}{MS_w}$$

wobei

MS_b = mittlere quadratische Abweichungen (Varianzen) zwischen den Faktorstufen

MS_w = mittlere quadratische Abweichungen (Varianzen) innerhalb der Faktorstufen

Die F-Statistik setzt zwei Varianzen ins Verhältnis, von denen die Varianz im Zähler die zu prüfenden experimentellen Effekte des Faktors enthält und die Varianz im Nenner die Störeinflüsse. Je stärker die experimentellen Effekte sind, desto größer ist die F-Statistik. Wenn Störeinflüsse gering sind, lassen sich schon kleinste Effekt als signifikant (durch den Faktor verursacht) nachweisen. Ein Nachweis einer Signifikanz wird umso erschwerter, je größer die Störeinflüsse sind. Beide Varianzarten ergeben sich jeweils aus dem Quotienten aus Streuung und Freiheitsgraden. Die Anzahl der Freiheitsgrade der Haupteffekte berechnet sich dabei aus der um eins verminderten Anzahl an Faktorstufen, während sich die Freiheitsgrade der Interaktionseffekte aus dem Produkt der Freiheitsgrade der Haupteffekte errechnen lassen (Backhaus et al., 2018). Die Berechnung der Freiheitsgrade der Rest- und der Gesamtstreuung erfolgt nach Backhaus et al. (2018) bei einer dreifaktoriellen ANOVA wie folgt:

$$df_w = G \times H \times I \times (K - 1)$$
$$df_t = G \times H \times I \times K - 1$$

Der globale Signifikanztest im vorliegenden Beispiel kann somit folgendermaßen berechnet werden:

$$F_{emp} = \frac{MS_b}{MS_w} = \frac{158,197/7}{2999,807/4609} = \frac{22,600}{0,651} = 34,72$$

Nach Backhaus et al. (2018) gilt folgende Annahme:

$$p < \alpha \rightarrow H_0 \; wird \; verworfen$$

Angewandt auf das hier beschriebene Beispiel ergibt dies für $F_{emp} = 34,72$ einen Wert von $p = 0,000$. H_0 ist damit zu verwerfen.

Die nächste Tabelle zeigt die Streuungen und Varianzen der dreifaktoriellen Varianzanalyse im Bespiel.

Varianzquelle	SS	df	MS
Haupteffekte			
Branche	64,532	1	64,532
Beschäftigungsstatus	31,681	1	31,681
Arbeitsplatz	0,002	1	0,002
Interaktion			
Branche/Beschäftigungsstatus	4,686	1	4,686
Branche/Arbeitsplatz	19,967	1	19,967
Beschäftigungsstatus/Arbeitsplatz	0,578	1	0,578
Branche/Beschäftigunsstatus/Arbeitsplatz	0,050	1	0,050
Reststreuung	2999,807	4609	0,651
Gesamtstreuung	13577,778	4617	2,940

Tabelle 5: Streuungen und Varianzen der zweifaktoriellen Varianzanalyse (ANOVA-Tabelle)
(Quelle: Eigene Darstellung, Werte entnommen aus Anlage 1)

Tabelle 6 zeigt die Ergebnisse der spezifischen F-Tests. Es zeigen sich zwei signifikante Haupt- und zwei signifikante Interaktionseffekte.

	F	Signifikanz
Branche	99,149	,000
Beschäftigungsstatus	48,676	,000
Arbeitsplatz	,003	,956
Branche/Beschäftigungsstatus	7.200	,007
Beschäftigungsstatus/Arbeitsplatz	,888	,346
Branche/Bürotätigkeit.	30,679	,000
Branche/Beschäftigungsstatus/Bürotätigkeit	0,077	,781

Tabelle 6: Spezifische F-Tests im dreifaktoriellen Design im Beispiel
(Quelle: Eigene Darstellung, Werte entnommen aus Anlage 1)

3.4 Ergebnisse des Beispiels

Im letzten Teil des Kapitels zur mehrfaktoriellen Varianzanalyse werden die Ergebnisse des aufgeführten Beispiels zusammengefasst und interpretiert.

Im Allgemeinen konnte mit Hilfe globaler Signifikanztests festgehalten werden, dass die aufgestellte Hypothese, die verschiedenen Arbeitsvariablen haben einen Einfluss auf die wahrgenommene psychische Belastung, angenommen werden kann (vgl. Kap.3.3).

Nach Durchführung der F-Tests zeigen sich zwei signifikante Haupteffekte. Der Arbeitsplatz weist einen sehr niedrigen F-Wert und ein sehr hohen Alpha-Wert auf, weshalb er keinen Haupteffekt auf die wahrgenommene psychische Belastung hat. Der Haupteffekt der Branche ($F=99{,}149$, $\alpha<{,}001$) führt dazu, dass Mitarbeitende aus dem Bereich Dienstleistung eine höhere wahrgenommene psychische Belastung haben als Beschäftigte aus der Landwirtschafts- und Produktionsbranche. (vgl. Abb. 11). Die Erforschung der Gründe für diesen scheinbaren Nachteil des Dienstleistungssektors kann Gegenstand künftiger Forschung sein. Der Haupteffekt des Beschäftigungsstatus ($F=48{,}676$, α

<,001) führt dazu, dass in Vollzeit tätige Personen eine höhere wahrgenommene psychische Belastung aufweisen, als in Teilzeit Beschäftigte (vgl. Abb. 12). Dies könnte darauf zurückgeführt werden, dass Menschen mit einer Teilzeitbeschäftigung einer geringeren Arbeitslast und einer besseren Work-Life-Balance unterliegen.

Zudem gibt es im betrachteten Beispiel zwei signifikante Interaktionseffekte. Aufgrund niedriger F-Werte und hoher Alpha-Werte zeigt sich keine Interaktion bei dem Beschäftigungsstatus und der Bürotätigkeit. Dies tritt auch auf die Interaktion aller drei Faktoren zu. Der Interaktionseffekt zwischen den Faktoren Branche und Beschäftigungsstatus ($F=7,200$, $\alpha=,007$) zeigt eine höhere branchenspezifische Diskrepanz in der wahrgenommenen psychischen Belastung bei den in Teilzeit beschäftigten Personen als bei den in Vollzeit Erwerbstätigen. Ein weiterer Interaktionseffekt zwischen Branche und Arbeitsplatz ($F=30,679$, $\alpha<,001$) verdeutlicht, dass beide Branchengruppen einen gegenteiligen Effekt auslösen. Während in der Landwirtschaft tätige Personen, die im Büro arbeiten, mehr psychische Belastung erfahren als Personen, die nicht im Büro arbeiten, zeigt sich dies im Bereich der Dienstleistung gegenteilig. Personen, die hierbei einer Bürotätigkeit nachgehen, zeigen eine geringere Wahrnehmung der psychischen Belastung als Personen ohne Bürotätigkeit.

Abschließend ist aufzuführen, dass im vorliegenden Beispiel noch in einer weiteren Analyse mit Hilfe eines Post-hoc-Tests festgestellt werden könnte, welche Mittelwertunterschiede in den Faktorstufen signifikant werden. Ein Post-hoc-Test ist nämlich erst nach der Durchführung des F-Tests mit signifikanten Ergebnissen möglich (Backhaus et al., 2018).

Literaturverzeichnis

Auer & Hoffmann, S. (2017). *Ökonometrie. Das R-Arbeitsbuch.* Berlin: Springer. https://doi.org/10.1007/978-3-662-49182-9

Backhaus, K., Erichson, B., Plinke, W. & Weiber, R. (2018). *Multivariate Analysemethoden. Eine anwendungsorientierte Einführung* (15., vollständig überarbeitete Auflage). Berlin: Springer Gabler. https://doi.org/10.1007/978-3-662-56655-8

Borg, I. (2003). *Führungsinstrument Mitarbeiterbefragung. Theorien, Tools und Praxiserfahrungen* (Schriftenreihe Wirtschaftspsychologie, 3., überarb. und erw. Aufl.). Göttingen: Hogrefe Verl. für Psychologie.

Bortz, J. & Schuster, C. (2010). *Statistik für Human- und Sozialwissenschaftler.* Berlin, Heidelberg: Springer Berlin Heidelberg. https://doi.org/10.1007/978-3-642-12770-0

Bühner, M. (2006). *Einführung in die Test- und Fragebogenkonstruktion* (ps Methoden/Diagnostik, 2., aktualisierte und erw. Aufl.). München: Pearson Studium.

Bühner, M. & Ziegler, M. (2017). *Statistik für Psychologen und Sozialwissenschaftler. Grundlagen und Umsetzung mit SPSS und R* (Pearson Studium - Psychologie, 2., aktualisierte und erweiterte Auflage). Hallbergmoos: Pearson Studium.

Cattell, R. B. (1966). The scree test for the number of factors. *Multivariate behavioral research, 1*(2), 245–276.

Cureton, E. E. & D'Agostino, R. B. (2013). *Factor analysis: An applied approach*: Psychology press.

Döring, N. & Bortz, J. (2016). *Forschungsmethoden und Evaluation in den Sozial- und Humanwissenschaften* (Springer-Lehrbuch, 5. vollständig überarbeitete, aktualisierte und erweiterte Auflage). Berlin: Springer. https://doi.org/10.1007/978-3-642-41089-5

Dziuban, C. D. & Shirkey, E. C. (1974). When is a correlation matrix appropriate for factor analysis? Some decision rules. *Psychological Bulletin, 81*(6), 358–361. Psychological Bulletin, 81(6), 358-361. https://doi.org/10.1037/H0036316

Fahrmeir, L. (1996). *Multivariate statistische Verfahren* (2. Aufl.). s.l.: De Gruyter. https://doi.org/10.1515/9783110816020

Felfe, J. & Six, B. (2006). Die Relation von Arbeitszufriedenheit und Commitment. In *Arbeitszufriedenheit : Konzepte und empirische Befunde* (S. 37–60). Göttingen: Hogrefe.

Frost, I. (2018). *Einfache lineare Regression. Die Grundlage für komplexe Regressionsmodelle verstehen* (essentials). Wiesbaden: Springer VS. https://doi.org/10.1007/978-3-658-19732-2

Kaiser, H. F. (1970). A second generation little jiffy. *Psychometrika, 35*(4), 401–415.

Kaiser, H. F. & Rice, J. (1974). Little jiffy, mark IV. *Educational and psychological measurement, 34*(1), 111–117.

Ledesma, R. D., Valero-Mora, P. & Macbeth, G. (2015). The scree test and the number of factors: a dynamic graphics approach. *The Spanish journal of psychology, 18*.

Leonhard, W. (1973). *Statistische Analyse linearer Regelsysteme* (Teubner Studienbücher Elektrotechnik). Wiesbaden: Vieweg+Teubner Verlag. https://doi.org/10.1007/978-3-322-99746-3

Morgeson, F. P. & Humphrey, S. E. (2006). The Work Design Questionnaire (WDQ): developing and validating a comprehensive measure for assessing job design and the nature of work. *Journal of applied psychology, 91*(6), 1321.

Rönz, B. & Förster, E. (1992). *Regressions- und Korrelationsanalyse. Grundlagen - Methoden - Beispiele*. Wiesbaden: Gabler Verlag. https://doi.org/10.1007/978-3-322-96496-0

Rudolf, M. & Müller, J. (2012). *Multivariate Verfahren. Eine praxisorientierte Einführung mit Anwendungsbeispielen in SPSS* (2. Aufl.). s.l.: Hogrefe Verlag. Verfügbar unter https://elibrary.hogrefe.com/book/99.110005/9783840924033

Schäfer, T. (2016). *Methodenlehre und Statistik*. Wiesbaden: Springer Fachmedien Wiesbaden. https://doi.org/10.1007/978-3-658-11936-2

Schwarz, J. & Bruderer Enzler, H., Keller, M.; Simoni, C. de; Seidmann, S. & Westphalen, A. (Mitarbeiter) (Schwarz, J. & Bruderer Enzler, H., Hrsg.). (2018). *Einfache lineare Regression,* Universität Zürich. Zugriff am 14.09.2020. Verfügbar unter https://www.methodenberatung.uzh.ch/de/datenanalyse_spss/zusammenhaenge/ereg.html

Stegmann, S., van Dick, R., Ullrich, J., Charalambous, J. & Menzel, B. (2010). Der Work Design Questionnaire. Vorstellung und erste Validierung einer deutschen Version. *Zeitschrift für Arbeits- und Organisationspsychologie : A & O : german journal of work and organizational Psychology : in Kooperation mit der Sektion Wirtschaftspsychologie im Berufsverband Deutscher Psychologen (BDP), 54*(1), 1–28.

Weiber, R. & Mühlhaus, D. (2014). *Strukturgleichungsmodellierung. Eine anwendungsorientierte Einführung in die Kausalanalyse mit Hilfe von AMOS, SmartPLS und SPSS* (Springer-Lehrbuch, 2., erw. und korrigierte Aufl.). Berlin: Springer Gabler.

Wolf, C. & Best, H. (2010). Lineare Regressionsanalyse. In C. Wolf & H. Best (Hrsg.), *Handbuch der sozialwissenschaftlichen Datenanalyse* (S. 607–638). Wiesbaden: VS Verlag für Sozialwissenschaften. https://doi.org/10.1007/978-3-531-92038-2_24

Abkürzungsverzeichnis

Abb.   Abbildung

ANOVA   Analysis of Variance

H_0 Nullhypothese

H_1 Alternativhypothese

Kap.   Kapitel

KMO   Kaiser-Meyer-Olkin-Kriterium

MANOVA   Multivariate Analysis of Variance

MSA   measure of sampling adequacy

Abbildungsverzeichnis

Tabellenverzeichnis

Anlagenverzeichnis

Die Anlagen wurden aus urheberrechtlichen Gründen von GRIN entfernt.